Manatu Melie 1

Mapu moe Mango

By Sione Tapani Mangisi

Copyright

Mapu Moe Mango

By Sione Tapani Mangisi

Published by Puletau Publishing, Melbourne

First Edition 2020

Copyright © 2020 John T Mangisi

Illustrated by Elizabeth Paris Cocker

Cover Design by Irene Webley

John T Mangisi asserts his moral right to be known as the author of this work.

No part of this book may be reproduced by any process, stored in a retrieval system, or transmitted in any form by any means electronic, mechanical, photocopying, recording or otherwise without the prior written consent of the copyright holder, apart from fair dealing for the purposes of private study, research, criticism or review.

All Rights Reserved

ISBN 978-0-6488850-0-9

Koe Foaki

Ma'ae fānau moe makapuna kotoa pe meihe 'otu motu Pasifikī na'a nau tupu hake 'iha ngāhi fonua kehe meihe ngāhi fonua tupu'anga 'o 'enau ngāhi matu'ā moe fanga kuī foki. Tautefito ki hoku ngāhi famili 'i hoku kolo tupu'angā ko Ha'avakatolo mo Tonga foki. Faka'apa'apa atu. Mālo.

Koe Hokohoko

Koe 'ūni tohi Manatu Meliē 5

Konga 'Uluakī: Mapu moe Mango 8

Konga hono Uā: Mapu 14

Konga hono Tolū: Koe Va'inga Mapū 20

Konga hono Fā: Mapu 'ae kau leka iikī. 23

Konga hono Nimā: Teuteu ha'a mou va'inga mapu 26

Tokoni kihe Sipelā pea moe Pu'aki Leā 28

Tokotaha Fa'u Tohī 30

Tokotaha Tā Fakatātaā 31

Koe 'ūni tohi Manatu Meliē

'Ihe ta'u kuo 'osi 2019 na'aku 'alu ai mo Irene ki Nu'usila koe vakai famili pe he kuo fuoloa fau e ngāhi ta'u moe te'eki fai ha felōngoaki. Na'e 'iai e ongo tangata nofo 'Okalani na'a mau omi fakataha mei Tonga he 1966 koe kau ma'u sikolasipi ako ngāue ki Nu'usila pea na'a mau alea kemau fe'iloaki 'i 'Okalani he 'osi 'ema 'a'ahī kimu'a pea ma toki foki mai ki heni. Koe ta'u eni e 30 tupu moe 'ikai ha fetu'utaki. Na'a mau 'amanaki temau feohi ha ngāhi 'aho kae pango ne fu'u 'api'api 'ae taimi pea mau iku fe'iloaki pe mo fakamāvae 'i mala'e vakapuna. Mau nofo pe 'i 'olunga he ngāhi fale kofī 'o talanoa fiefia mo manatu melie kihe taimi na'a mau feohi fakatamaiki ako ai 'i Uelingatoni he ngāhi ta'u koiā. Mau fiefia. Mau kakata. Mau mafana he manatu meliē.

Koe konga mahu'inga eni kiate au 'ihe 'ema 'eva mālōlō pea 'ihe 'ema foki ki Melipoanē na'e e'a mahino 'aupito kiate au 'ae mahu'inga 'oe manatū moe ha founga ke vahevahe ai 'ete fo'i talanoā. 'Oku 'iai 'ae ngāhi talanoa 'ia kitautolu tāutaha. 'Ihe 'ete tupu hake 'i Tongā, ngāhi faingamālie pe ha palopalema na'ate feia ai mo solova lolotonga 'ete 'i Nu'usilā. Te'eki iai ha talanoa pe lāulea kihe ngāhi me'a lahi. Hangē koenī: koe tokolahi 'oku nau kei tui pe koe 'uhinga 'oe akō, ke ma'u hato mata'itohi meiha 'univesiti kae 'ikai fu'u mahu'inga 'ae ako ngaue, hangē koe palama, 'uhila, 'aisi moe 'ea fakamokomoko, ngāhi 'ulu, neesi, 'ikai nai kenau fu'u mahu'inga fau.

'Oku 'iai hotau tala fakafonua: 'oku hāmai 'ihe ngāhi ta'anga 'ae kau punakē pea moe fakahaka 'oe ngāhi tau'olungā, talanoa felāfoaki 'oe faikavā, 'ihe koka'angā, kimu'a 'aupito eni ia pea toki omi e kau papālangī ki hotau fonuā. Ma fa'a ō ki 'uta mo 'eku tangata'eiki 'o tufi niu pea ne fa'a talanoa mai kia au e ngāhi me'a lahi, kei tu'u pe he'eku manatū.

Koe senituli 21 foki eni pea kuo tau folaua e ngāhi feitu'u kotoape 'oe kolopē, pea me'apango koe tokolahi kuo mole 'ae lea faka-Tongā 'o 'ikai kenau toe ngāue'aki. 'Io, 'e mole 'a 'etau leā pea mo 'etau ngāhi talanoā kapau he 'ikai ketau fai ha ngāue kiai.

Koia 'ihe lolotonga 'ae kei māfana moe fiefia he 'emau fe'iloaki mo hoku ongo kaungā akō, na'aku pehē leva 'i hoku lotō, "Taimi eni keu fanafana atu ai ha fanga ki'i talanoa." Koe fanga ki'i talanoā 'e tohi 'ihe lea faka-Tongā pea moe lea faka-Pilitaniā, 'ihe faka'amu temou lau 'ae tohi faka-Tongā pea hulu atu, kene fakalotolahi'i koe keke tohi ho'o fo'i talanoā ma'a ho'o fanaū, fanga makapunā pea moe kaha'u hota tala fakafonuā.

Koe 'UHINGA eni 'oe 'ūni tohi MANATU MELIĒ.

'Oku lolotonga fai e ngāue kihe ngāhi tohi hokohoko atū. 'Oku 'iai 'ae faka'amu temou lau 'ae tohi ni ki ho'o mou fānaū moe fanga makapunā foki pea ke hoko ia koha kamata'anga ha'amou pōtalanoa. 'Oku 'iai 'ae fiefia moe faka'amu 'e hoko 'ae tohi ni koe fakaloto lahi kiate koe keke tohi ho'o fo'i talanoā pea ke pulusi ia 'ihe lea faka-Tongā. 'O 'ikai koe 'ai pe ma'ae tamaikī ka ma'a tautolu lalahi foki ketau lau, mo manatu mo kata fiefia foki.

Konga 'Uluakī: Mapu moe Mango

Kuo mou 'osi sio ha ngāhi 'ulu mango lalahi 'aupito?. Na'aku tupu hake 'ihe kolo ko Ha'avakatolo 'i Hihifo Tongatapu pea koe ngāhi 'ulu mangō na'e motu'a mo lalahi 'aupito. Ngāhi fu'u tefito e ni'ihi 'e a'u pe kihe mita e 4-6 takai, moe lau pea falō mahalo kiha mita nai e 12 pe lahi ange, Koe 'ulu mango koeni mahalo pe koe ni'ihi kuo 'osi laka ia he ta'u 100 pea 'ikai ha taha ia he kolō tene 'ilo'i honau motu'ā.

Koe tokolahi foki 'oe kakai 'oku nau mahu'inga 'ia 'ihe 'ulu mangō koe koe'uhi ko honau fuā. Hau e fō lalahī, ifo pea huhu'a 'ae kakanō pea tō atu hono meliē, 'oiaue fakapō! Mei 'Okatopa ki Ma'asi he taimi māfanā koe taimi ia e to'u mangō. Taimi e ni'ihi 'oku tōatu 'ene ngafuhī pea koe ngāhi va'a e ni'ihi kou nau ope hifo mā'ulalo 'aupito pea 'e lava pe ha taha ta'u 5 ia 'o a'u kiai 'o toli'i. Pe koe toli 'aki ha fu'u kofe.

Koe fanga pekā 'oku iai pe mo honau 'inasi ka 'oku nau lata pe nautolu ki 'olunga. Ka 'ihe taimi 'oku nau puna mai ai 'o tau he fu'u mangō, 'oku nau ki'i lulu'i ai e va'ā pea ngangana leva e mango momohō ki he kelekelē. Tufi leva ia 'ehe kau lekā 'o nau kai pea vahevahe hono toe 'o taki taha 'alu moia ki 'api. Pea lolotonga 'emau mohe tāngulu he taimi tu'apō kihe hengihengi 'ahō, koe taimi eni 'oku kai tavale ai e fanga pekā 'ihe funga mangō kenau fiu pea foki ki honau tau'angā kimu'a pea ma'a e 'ahō. Lolotonga eni 'oku kai pola mango momoho e fanga puaka kotoa e kolō ia he lulu mango 'ae fanga pekā.

Koe ngāhi lolo 'akau eni na'e fai ai 'emau mapū, 'ihe funga kelekelē he ngāhi lalo mango lalahī. Kou 'osi sio heni 'ihe mapu 'a hoku ki'i mokopuna mo hono kaungā ako pe 'i 'Aositelēlia ni ka 'oku tā pe 'enau laine 'anautolu ha lau'i sima pea nau va'inga ai.

Kia au 'oku laka mama'o ange 'ae mapu ia he lalo mangō. Koe funga kelekelē 'oku 'ikai molemole tatau moe la'i simā ka 'oku petepete fe'unga pe ke faingata'a ange ai e va'ingā ke mālie pea mahino ai 'ae kau poto he va'ingā, meihe kau meimei pe. Toe faingofua ke to'o hake pe ha ki'i va'akau 'o tā 'aki e lainē. Toe sai foki moe malumalu lelei pea mokomoko lolotonga 'ete tali ki hoto taimī. Pea kapua 'oku 'ikai ke 'iai ha'ate mapu ka ko'ete mamata pe, pea 'oku toe fakalata pe moia.

Koe taimi kehe foki eni he koe me'a kotoa pe 'oku palani mo fakataimi a'u aipe kihe sipotī meihe lalahi kihe kau lekā. Ka ko homau taimī, na'a mau mapu ha fa'ahinga taimi pe.

Mau takitaha lele ki hono 'api 'o kumi 'ene mapū. Taki taha 'iai pe 'ene ki'i tangai kou 'osi tuitui he 'enau fa'ē ke fa'o ai 'enau mapū. Koe ni'ihi nau fa'o pe ha nge'esi kapa peha me'a pe tenau ma'u.

Mau 'uluaki tafi'i e me'a temau va'inga aī ke 'atā mo ma'a. To'o mai 'eha taha ha ki'i va'akau pea tā leva e laine mapū. Faingofua pe hono tā e lainē he 'oku kei 'ilonga pe laine tatau meihe 'emau va'inga he uike kuo 'osī.

'Osi hono tā e siakalē pea tu'u pe kau lekā 'o tali mo sio pe tenau taki fiha? Kau tama foki 'oku lahi 'enau mapū nau feinga nautolu ke taki lalahi ka komautolu koē 'oku 'ikai loko lahi 'emau mapū, mau loto mautolu ke mau taki 1-2 pe kemau kamata 'aki.

Kapau temau taki iiki, 'e fu'u vave ai e 'osi 'ae va'ingā pea hangē 'oku ta'eolī. Koia ai nemau fa'a kamata pe he taki nima 'o fai hake.

Taimi e ni'ihi mau fa'a kamata 'aki ha taki 1-2 'oka tokolahi e kau va'ingā. Pea koe 'osi pe ha fo'i takai e taha pe ua kuo 'osi 'enau mapū he mole pea nau tu'u pe leva 'o mamata pe meihe tafa'akī kae hoko atu e kau maheni va'ingā ia pea taki lalahi.

Kou manatu'i e taimi taha fai 'emau mapu i Ha'avakatolo, mahalo pe mau toko 15. Na'e iai e tama e taha na'e iai 'ene fu'u fo'i mapu lei. Koe mapu leī koe mapu mahu'inga tahā ia. Koe taiamoni eni 'oe mapū pea faka'amu e taha kotoa ke 'iai ha'ane fo'i mapu lei. Mahu'inga ange ia he mapu sio'atā.

Mau tu'u laine ke fai 'emau lī kamau kamata. Koe tokotaha koē 'e lī 'ofi taha kihe laine he tafa'aki mama'ō, koia 'e 'uluaki kamatā. Pea koe ofi taha hoko hakē, koia 'e fika 2 pea hokohoko pehē ai pe. 'Osi tuku kotoa 'emau taki 5 ki loto teuteu ke kamata.

Koe founga mahenī 'oku fa'a lava ha'a mau fo'i takai e 10 pe lahi ange 'o falala pe pe kohai 'oku kei toe ha'ane mapu. 'Osi pe fo'i takai pea mau hoko atu he founga tatau pe. Taimi e ni'ihi mahalo 'ihe takai hono 6 pe 7 kuo fai ha fakafekihi. Fa'a hoko eni he taimi fai ai 'emau lī pe kohai 'e 'uluaki, ua moe fakahokohokō. Taimi eni 'oku taka 'ita vave ai e kau va'inga he koe ni'ihi kuo mole 'enau mapū pea kuo nau taka 'ita vave ai.

Kou manatu'i e 'aho e taha lolotonga 'e mau lī, kou fakalalahi hake 'ae fakafekihi ia 'ae ongo tama pe kohai 'oku ofi ange kihe lainē, pea kuo mau ha'o atu kiai ke vakai ke fakalele'i. Lolotonga eni 'oku iai e ki'i leka ia e taha 'oku sio ia ko hono faingamālie eni ke hola ia moe mapu 'ihe loto lainē. Ala leva e leka ia 'o tata nima ua e fokotu'unga mapū 'o lele ia moia.

Kaila mai e leka e taha "koe tili". Mau tafoki hake kuo 'osi mavahe atu e lekā ia he hala ki honau 'apī. Mau lele kotoa 'o tulimui atu kae lele pe lekā ia 'o hao ki honau 'apī. Ngangana ha ngāhi fo'i mapu pea takitaha tufi pe 'o ma'u 'e kita. Mau kaila atu pe kihe lekā "Mana hena, kake toe 'asi mai kiha mapu teke toki sio ai ki ha'o totongi!"

Mau foki leva kihe lalo mangō ke hoko atu 'emau mapū. Mau kamata e fo'i takai fo'ou pea mau taki iiki pe he koe konga lahi ia e mapū ne hola moe masi'i tilī!

Ko 'eku mamatu'i na'e 'ikai koe leka tatau pe na'e fa'a tili he mapū. 'Osi ha uike taha pe ua nai mau toe fakataha 'o mapu. Ha'u kiai moe leka tilī. Mau tala pe kiai ke 'oua toe tili, moe ki'i fisi'i pe he telingā mo talaange ka ke toe tili teke sio ki ho'o totongi. Pea 'osi ai pe ia.

Te'eki keu tili tu'o taha neongo na'aku fa'a fakakaukau pe kiai. 'Uhingā pe he na'e lahi pe 'eku mapū 'aku. Koe kau leka tilī na'e 'ikai ke 'iai ha'anau mapu. Koe tahā na'aku poto fe'unga pe au 'o 'ikai mole kotoa 'eku mapū. Koe ongo tama va'inga lelei tahā na'e lahi 'aupito 'ena mapū pea 'e fiema'u ha saliote ia ke uta mai ai! Koe tangai mapū mahalo pe ne 'iai ha fo'i mapu e 50-100 pe lahi ange.

Mahalo na'e toko 15 homau kaungā va'inga 'i Ha'avakatolō, ko homau to'ume'a pe. Mau meimei poto tatau pe. Mahalo pe na'aku kau he toko 5 ki 'olunga pea koe taimi koē ne 'ikai 'asi mai ai e kau tama koē kou toki hanga atu o fufulu e kalasī. Mālo pe kei toe ha'anau fo'i mapu he taimi ke mau mātuku aī.

Koe kau tama lalahi mo matu'otu'ā ne lahi taha 'enau mapū. Nau poto ange foki pea toe fana lalahi mo tau.

Te sio pe he 'enau va'ingā. Fana pe 'o 'alu ha fo'i taha pea tu'u lelei 'ene fo'i toā teuteu kihe 'ene fana 'oku hokō. Pea toki tepu tepu holo ai pe ia i loto 'o 'osi pe mei 'osi e mapū.

Va'inga fakamanako 'aupito e mapū. Ka kuopau kete poto he fanā pea moe faka'uto'uta lelei kihe anga moe founga 'oe va'ingā ke lava kete ma'u, ma'u pe. 'Osi e ngāhi ta'u kou ako he va'inga sunukā 'i Nu'usila peau manatu kihe taimi na'a mau fa'a mapu ai he 'oku meimei tatau pe hona ngāhi laō.

Koe kau poto he va'ingā moe fana lalahī, nau fana'i pe ha fo'i mapu 'o mafahi. Pea taka lahi e mapu kuo masolisolī. Mau taki taha feinga pe ke mono atu 'ene mapu masolisolī kihe va'ingā kae pango ne lahi pe moe kau polisī 'o talamai ke laku e mapu koiā. Mapu lelei pe, ki'i masoli si'isi'i pe. Tuku e fienga kākaā!

'Ikai tuku foki 'emau takitaha feingā. Koe mapu lei, koe mapu muhu'inga tahā ia. 'Ikai ke mafahi ngōfua hangē koe mapu sio'atā. Kou tui mahalo pe koe kalasi mapu eni na'e 'omi 'e Kapiteni Kuki ki Tonga. Mapu motu'a pea nau toki masisisisi māmālie kae kei fuopotopoto pe.

Taimi e ni'ihi 'osi 'emau mapū, kapau 'oku kei fua lahi pe fu'u mangō, fa'a 'asi mai e fine'eiki 'oe 'api 'o talamai ke kaka ha taha 'o lulu'i hifo ha fo'i mango kemau kai pe koe ngāhi 'aki ha'amau 'otai. 'Osi ia mau toki mātuku ki hono 'api. Tō atu!

Konga hono Uā: Mapu

Na'amau nofo 'i Mu'a 'ihe 'eku kei si'ī he na'e ngāue 'eku tangata'eiki koe toketā kihe vahe Hahakē pea kamata ai 'eku kau he mapū moe kau leka pe ai 'a Kefu, Feliha'a moe kua leka kehe pe koe famili pe 'o 'eku tangata'eikī.

Fakalata 'emau nofo 'i Mu'ā kae 'osi pe ha ngāhi ta'u si'i pea mau hiki ki Hihifo he ngāue 'ae tangata'eikī. Mau mapu 'aki pe mapu sio'ata kalasi tatau pe moe mapu sio'ata 'oku va'inga'aki 'i mulī. Mahalo pe koe senitimita e 2 taiamita. Pea 'iai moe ngāhi fo'i mapu fōlalahi na'e ui koe pāluna mahalo pe koe senitimita e 3 taiamitā pea na'e tatau ia moe fo'i mapu e 4 'oe kalasi fō iikī. 'Ikai fu'u lahi hono ngaue'aki he 'oku nau mafahifahi ngofua.

Manakoa taha pe fanga ki'i mapu fō iikī pea tolonga. Toe faka'ofo'ofa e fanga ki'i matala'i'akau 'i lotō pea toe ma'u ngofua foki. Sai 'aupito moe pālunā pea faka'amu e taha kotoa ke 'iai mai ha'ane fo'i mapu pehē.

Na'e iai foki moe mapu lei, koe mapu maka eni pea na'e iai e lanu palauni, pūlū moe melomelo. Koe maka ka na'e kofu'aki 'ae vali fefeka 'aupito (enamel). Nau ha'u kalasi kehekehe. Koe fō iiki na'e tatau pe moe mapu sio'atā fō iikī, ka na'e mahu'inga tatau ia moe fo'i sio'ata e 5. 'Iai moe 10, 15, 20 moe

25. Koe 25 na'e meimei fō tatau pe moe pāluna sio'atā.

Kimu'a pea ha'u e kau pālangī moe mapu so'atā moe mapu leī, na'e 'osi va'inga 'aki pe 'ehe kakaī ia e ngāhi fua'i 'akau hangē koe tuitui, feta'u, fotulona moe talatala'amoā. 'Ikai toe fa'a mapu 'aki 'ae ngāhi fua'i 'akau ni 'i Tongatapu ka na'e lahi hono va'inga 'aki 'ihe 1950 moe 1960.

Na'e 'ikai toe ngāue 'aki e tuitui 'i homau taimī. Koe mapu feta'ū koe fua ia 'oe 'akau koe feta'u pea mau toli eni he taimi kuo nau motu'a ai ka 'oku nau kei tautau pe he fu'u feta'ū. Koe taunga mahalo koe fo'i feta'u e 10-15, fōlahi tatau pe moe pālunā. Fekau ha leka ke kaka 'o lulu hifo e fuā pea mau 'esi leva e kili tu'a katoa kae 'asi mai 'e fo'i mapu feta'u nge'esi fefeka pea sai kihe mapū. Koe kalasi mapu faingofua taha eni hono ma'ū.

Kae pangō koe 'ene 'osi pe ha ngāhi uike kuo nau mōmoa pea mingi e fo'i fua 'i lotō 'o ngalulu pea 'ikai loko sai hono mapu 'akī. Ko 'enau kovi pe pea mau toli hifo ha mapu fo'ou 'o hoko atu 'aki e va'ingā.

Na'e 'iai e ongo fu'u feta'u lalahi 'aupito 'i homau 'apī 'i Ha'avakatolo pea na'a mau toli pe 'emautolu. Kaka ha ongo leka 'o lulu hifo e fuā pea mau tanaki pe 'omau nofo hifo 'o 'esi e kilī. Mahalo koha fo'i mapu feta'u e 80-100 'iha houa pe taha nai. 'Osi pe hono 'esī kuo mōmoa fe'unga ia ke ngaue'aki. Fe'unga eni moha uike e 4 pe 6 nai pea toki li'aki.

Kalasi mapu toe sai ange koe fua'i fotulonā. Mapu tolonga 'aupito. Koe fua eni 'oe 'akau koe fotulona pea 'oku nau tupu he oloolo 'oe ngāhi matātahi toafā. Mau o pe 'o tufi he lalo 'akau kuo 'osi momoa pea ngangana e kilī ia pea ka 'ikai pea te toki 'esi'i faka'osi. 'Osi ia, ma'u leva 'ete mapu fotulona. Fanga ki'i fo'i mapu lanu 'uli'uli, fōlelei mo faka'ofo'ofa. Folahi tatau pe moe mapu sio'ata fō iikī. Sai fe'unga 'aupito kihe mapū.

Koe mapu fotulonā 'oku ma'ama'a ange ia he mapu sio'atā, mahalo kihe vaeua pe. Pea koe'uhi ko 'ene ma'ama'a, 'oku faingofua 'enau teka he taimi 'oku tau ai ha fana 'ia nautolu. Me'a tatau pe, pea 'ikai leva ke ngāue 'aki koha mapu toa. Kaekehe koe kalasi mapu tolonga 'aupito eni he 'oku 'ikai kenau mafahifahi pe masolisoli ngofua hangē koe mapu sio'atā.

Kapau e mole 'ete mapu, te 'alu pe mo ha taha e kau lekā kihe 'ulu 'akaū 'o kumikumi holo ai. Koe me'ā pe foki kuo pau ke mo ō kihe matā toafā kihe 'ulu fotulonā. Manatu'i 'oku 'ikai ko kimoua pe 'oku fiema'u mapū. Pea kapau e lahi ho'omo tufi fotulonā temo fe'unga ai pe kimoua kihe 'osi ho'omo fiemapū. Tukukehe pe foki ke 'oua 'e 'ilo'i 'e homo fanga tokouā ho'omo feitu'u fufū'angā.

Koe ngāhi 'aho ni kuo mei 'osi e 'otu fotulonā ia hono tā 'ehe kakaī ke fefie 'aki pe koha 'uhinga kehe. Koe 'akau fefeka 'aupito 'e fotulona, kalasi 'oe fehī. 'Akau lahi hono 'aongā pea lahi ai hono tā ki he me'a kehekehe. Te'eki kemau tā ha fu'u fotulona ka 'oku tā pe 'ehe kakaī he 'oku vave 'enau 'osi 'i Tongatapū, tukukehe kihe ngāhi motu kehē.

'Iai foki moe fua 'oe talatala'amoā pea na'a mau mapu 'aki moia. Koe 'akau koeni 'oku hangē pe ha losē 'o 'ikai lalahi hangē koe feta'ū pe koe fotulonā, kae fonu talatala e kalava 'oe lau. 'Ikai foki ha kofunima pea te tokanga pe mo fakaalaala kate feinga atu kiha taunga 'o paki'i pea to'o mai. Taimi ni'ihi nau takai ha me'a pe ke malu'i'aki honau nimā. Fanga ki'i talatala iiki ka koe hau e masilā. Te'eki keu toli 'e au ka kou 'osi sio he laū moe talatalā he 'oku ngāue 'aki eni ki hono ngāhi 'aki e 'akau heu pekā. Koe tōatu 'ene talatala'iā.

Ko ha taunga talatala'amoa e taha mahalo 'oku 'iai ha fo'i fua e 30 pe lahi ange pea 'oku 'ikai koe taunga pe taha kihe fu'u 'akau. Koe fo'i fuā 'oku lanu kilimi pea moe ki'i takai engeenga si'isi'i pe he piki'anga 'oe fo'i fuā kihe taungā. Koe mele pe 'oe talatala'amoā 'oku 'ikai ke fuopotopoto lelei hangē koe fotulonā pe koe mapu sio'atā neongo 'oku 'ikai fōlipa 'aupito hangē ha fo'i pīnatī. Koe fotulonā ia 'oku hangē na'e ngāohi pe ia ke mapu 'aki.

Koe mapu talatala'amoā, fotulonā moe sio'ata fō iikī, nau mahu'inga tatau kotoa pe. Koe talatala'amoa fōlipa 'oku 'ikai kemau mapu 'akī, mau 'oange ia kihe kau leka iiki kenau va'inga 'aki.

Taimi 'oku mau mapu aī 'oku 'ikai kemau toa 'aki e mapu sio'atā kapau koe fotulona pe talatala'amoa 'oku 'i lotō. 'Uhingā pe koe mamafa kehe ange 'ae mapu sio'atā. Kapau temau toa sio'ata ka koe fotulona 'oku 'i lotō, 'e lava pe kete fana'i pe 'e kita 'o tau lelei pea 'alu kotoa e mapū ia ki tu'a koe'uhi pe ko 'enau mamafa kehekehē. Koia ai koe mapu toā tenau tatau pe moe mapu 'oku 'i lotō.

Koe founga va'ingā 'oku tatau pe ki ha fa'ahinga mapu. Koe faikehekehē pe he founga fana'i 'oe toā. Koe feta'ū 'oku nau fu'u fō lalahi pea mau ngāue 'aki 'ae founga fana koe fesi, 'o fana'ī 'aki hoto tuhu lotolotō. Koe founga fana'i 'oe mapu sio'atā pe koe fotulonā moe talatala'amoā koe'uhi ko 'enau fōiikī, 'oku ui ia koe fana kele, pea 'oku fana'i 'aki hoto motu'a nimā.

Koe mapu sio'ata na'amau va'inga 'akī koe kalasi tatau pe 'oku va'inga 'aki ihe lolotonga ni 'i Tongā mo muli foki. Koe fo'i sio'ata pe moe ki'i matala'i 'akau nai fakalanulanu 'ihe loto fo'i mapū. Koe mapu pālunā koe kalasi tatau pe kae toe fōlahi ange. 'Ikai kemau fa'a ngāue 'aki koe faingata'a hono fana 'akī, pea toe taka mafahifahi ngofua foki. Koia nemau taki taha tuku pe 'ene fo'i mapū koe fakahāhā pe kae 'ikai mapu 'aki. Meimei koe kau leka pe 'oku 'iai hanau famili 'i muli 'oku 'iai ha'anau mapu pāluna.

Mau fakatau pe 'emau mapū meihe fanga ki'i fale koloa he tukui kolō. Fakafonu pe 'ehe tauhi koloa 'ae mapū 'iha siā sio'ata 'o tuku pe 'imui he kānitā pea te 'alu atu pe 'o kole ha'ate mapu peni e taha. Hangē pe ha'ate fakatau lolē. 'Ikai toe hela tu'uaki ia ko'ete hu atu pe kihe fale koloa 'o sio hangatonu atu pe kihe fu'u hina mapū. Toe lahi ange foki kapau koe mapu peni tolu pe peni ono. Te fai 'aki pe mapu 'e 'omai 'ehe faifakataū pea ka 'iai ha fo'i mapu ai 'e ki'i lanu kehe mei hono toe pea te fili ia kete toa 'aki.

Lahi e ngāhi famili nau faingata'a'ia fakapa'anga pea matu'aki hala 'aupito pe kau lekā ia ha peni taha. Fa'a hanga 'ehe kau fine'eikī 'o 'ai 'enau pa'anga makā 'o nono'o ha fo'i fakapona 'i honau tapa'i kofū pe koe tupenū. Koe taimi pe ha'a nau ki'i kui hifo 'o malōlō he efiafī, tolotolo atu ha leka 'o tokoto ofi atu kiai. Lototonga si'i mā'u mohe 'ae fine'eikī kuo hanga 'ehe lekā ia 'o vete'i e fo'i fakapona pa'anga 'o to'o hano 'inasi pea ne toki toe fakapona'i pe pea 'alu ia 'o fakatau mapu 'aki pe kai lole. Kou fa'a fakaukau kiai peau pehē, mahalo ne 'osi 'ilo'i pe 'ehe kau fine'eikī ia ka nau si'i tukunoa'i pe!

Konga hono Tolū: Koe Va'inga Mapū

Koe tokotaha kotoape kuopau ke 'iai ha'ane fo'i toa pea ke loto lelei kiai e kau va'ingā pea ke 'iai foki mo ha'ane mapu ke kau 'aki. Koe toā 'oku nau tatau pe moe mapu 'oku nau va'inga 'akī. Takitaha 'ilo pe 'ene toa.

Koe toā, koe fo'i mapu ia 'oku ke fana 'akī. Fana 'aki e mapu toa 'ae kau leka koē pe koe mapu he loto lainē.

Koe mapu kotoape teke fana'i kitu'a teke ma'u ia 'e koe pea ngofua pe keke fana'i moha ngāhi toa 'oku 'i lotō, pea kapau koe kotoa ia 'oe ngāhi toā 'o nau mate kotoa pea teke ma'u kotoa leva 'e koe 'ae mapu 'oku toe 'i lotō.

Kapau teke fana pea piki ho'o toā 'i loto, teke tali aipe ke 'osi e takaī. Pea kapau 'e fana'i ho'o toā kitu'a 'eha taha e kau va'ingā pea teke mate koe. Hoko atu pe kau leka ia 'oku toē.

Mau kamata pe he 'osi 'emau fokotu'utu'u e mapū kihe loto siakalē, mau lī pea mau kamata leva meihe 'uluakī 'o hokohoko pehē aipē. Mau fana tahataha pe kae 'oua kuo 'alu ha fo'i taha ki tu'a laine.

Ma'u 'e kita e fo'i mapu koia pea ngofua leva kete toe fana pea kapau tete fana'i 'o 'alu ki tu'a ha toe fo'i mapu 'e ngofua leva kete hokohoko fana pe kita ke 'osi kotoa e mapū ki tu'a kapau 'oku te poto fe'unga. Pea te ma'u kotoa 'e kita e mapu kotoa koiā. 'Oku ui eni koe tepu tepu.

Kapau tete fana pea hala, pea te 'osi kita kae hoko mai e tama e taha. Ka kapau tete fana 'o 'alu ha fo'i taha ki tu'a pea 'e ngofua pe kete ofi. Koe 'ete ki'i fana si'isi'i pe ke 'alu 'ete fo'i toā 'o ofiofi atu kihe tu'unga mapū, 'o te tali ke 'osi e takaī pea te toki toe fana leva ka kuo te ofi. Te tokanga pe kihe 'ete fo'i toā na'a fu'u tekelei pea faingofua hano fana'i kita ki tu'a pea te mate ai.

Ka kapau na'ake poto fe'unga na'e mei lava pe keke fana kotoa 'e koe 'ae mapū lolotonga ho'o 'i lotō. Hangē pe koe va'inga sunukā. Ma'u 'e koe 'ae mapu kotoa na'ake fana ki tu'ā tuku kehe pe 'ae mapu toa 'ae kau tama koē.

'Oku 'i ai hono founga 'oe puke 'ete fo'i mapu toā, pea ka 'oku 'i ai ha'o fo'i mapu hena mahalo na'a sai keke ki'i 'ahi'ahi fana.

• Puke hake ho nimā, moho motu'a nimā taupotu ki 'olunga, pea kuku mai hono toe ho louhi'i nimā.

• Tukuange atu ho fo'i tuhu 'uluaki ke 'asi hake 'ae fo'i tuhu lotomaliē.

- 'Ohifo ho motu'a nimā ki lalo 'iho tuhu lotomaliē pea ke 'asi hake pe ha konga 'oe ngē'esi nima ho motu'a nimā.

- Hili ho'o fo'i mapu toā 'i 'olunga ho ngē'esi nimā.

- 'Unuaki'i mai ho tuhu 'uluaki kene puke 'ae fo'i mapū pea mo ho motu'a nimā.

- Fakafefeka ho motu'a nimā pea 'oku māu leva 'o teuteu ke fana.

- Tuku hifo ho tukē ke tau kihe falikí pea ke hanga atu e fo'i toā mama'o meia koe.

Fisi'i mālohi 'aupito ho motu'a nimā he taimi tatau pe mo ho'o tukuange atu ho tuhu 'uluakí pea teke sio kihe fana'i atu e fo'i mapū kihe mama'ō.

Tokanga pe ho'o fanā na'a lavea ha taha pe maumau ha me'a.

Konga hono Fā: Mapu 'ae kau leka iikī.

Koe mapū 'i Tonga 'oku meimei koe to'utupu tangatā pe 'oku nau va'ingā, neongo 'oku 'atā pe kiha taha pe 'e fie va'inga. Kau leka e ni'ihi nau sai'ia pe nautolu he mamata pe he mapu 'ae kau tama lalahī. Pe koe tanaki mapu ma'ae kau va'ingā.

'I homau taimī koe mapu manakoa na'e fai he ngāhi fu'u siakale lalahī. Na'e 'iai e fa'ahinga mapu e taha na'e ui koe 'mapu paka'. Na'e fai ia he laine tapatolu mahalo pe kihe senitimita e 30-40 pea 'iai pe mo hono lao va'inga kehe pe 'ona. Kou sio pe ai ka na'e 'ikai kemau fa'a va'inga pehē.

Kou fanongo ai koe mapu pakā 'oku manakoa taha he taimi nī, tautautefito kihe ngāhi ako'angā. Kou tui koe 'uhingā pe koe lava kenau va'inga ha ki'i feitu'u si'isi'i pe.

Koe kau leka iiki hifō tau pehē koe ta'u nima ki he ta'u valu 'oku nau fa'a va'inga kinautolu 'aki 'ae founga e taha koe 'mapu fakatō.' 'Oku te tu'u hangatonu pe kita pea 'oku fai eni ia 'ihe fanga ki'i siakale iiki mahalo pe kihe senitimita pe e 30 taiamita pea fa'a va'inga pe ha toko ua kihe toko nima. Nau vakai pe tenau taki fiha pea tuku kotoa ki lotomālie.

Koe founga 'enau fakahokohokō tenau tu'u hangatonu pe 'o lī 'enau mapu toā 'aki 'ete puke 'ete fo'i mapū ofi ki hoto fo'i mata e taha 'o faka'ata 'aki pea te fakatōki leva 'ete fo'i mapū kihe laine 'oe siakalē pea koia pe 'e ofi tahā pea 'e 'uluaki ia pea toki hokohoko atu mei ai.

Koe taumu'a 'oe va'ingā ko 'ete feinga ke fakatōki 'ete fo'i mapu toā ke tau teputepu kiha fo'i mapu pe he siakalē ke lava ai ke ngaue 'o tō ki tu'a laine. Pea ka hoko ia pea tete ma'u 'e kita e fo'i mapu koiā pea te toe hoko atu pe. Ko 'ete hala pe pea hoko mai leva e taha kehe. 'Oku ikai ke fai ha fana ia heni hangē koe mapu 'ae tamaiki lalahí. Neongo 'oku fa'a fai pe 'ae fakafekihi moe fakatonutonu ka 'oku 'ikai hoko ha tili ia he mapu koeni he 'oku nau tu'u kotoa pe ai 'o tokanga'i 'enau mapū.

Koe kalasi mapu e tahā koe 'tuli toa'. Mahalo koe mapu ma'u'anga fiefia tahā eni. Va'inga ha taha pe, tamaiki lalahi, iiki, tangata pe fefine ha taha pe. Fiema'u pe ha toko ua mo ha'ana fo'i mapu taki taha. Koe founga va'ingā koe lī 'ehe tokotaha 'ene fo'i mapū kiha fa'ahinga loloa pe. Pea lī 'ehe taha koē ene fo'i mapū ke tau he fo'i mapu 'a hono hoa va'ingā. Pea na felī'aki pehe pe kae 'oua kuo tau e ongo fo'i mapū pea mālohi leva e taha na'e lī fakamuimuī. Na 'osi felotoi pe 'e 'iai ha pale pe koe va'inga pe.

'Atā ki ha taha pe 'e fie va'inga. Ha feitu'u pe, 'i fale, 'i tu'a, he kelekelē, he musiē. Te sio atu kihe kau lekā 'enau lele takai holo he tuli toā. Kau atu ai moe tamaiki fefine lalahi e ni'ihi he 'oku 'ikai ngofua kenau mapu fakataha mo mautolu tamaiki tangata lalahi, 'ihe anga fakafonuā. Kau atu ai pe moe kau leka tangata e ni'ihi. Ma'u enau fiefiā.

Konga hono Nimā: Teuteu ha'a mou va'inga mapu

Kapau temou fie va'inga mapu, koe ngāhi founga maheni eni pe koe lao 'oku fai 'aki 'ae va'ingā:

• Kumi ha feitu'u kemou va'inga ai.

• Koe ha e lahi 'oe siakalē pea tā e lainē he kelekelē.

• Koe toko fiha 'e kau he va'ingā, lava pe ke toko ua kihe toko ono nai.

• Vakai pe temou taki fiha he fo'i takai koenī he 'oku mafulifuli pe he takai taki taha.

• Nau fokotu'u 'enau mapū he lotomālie 'oe siakale va'ingā.

Vakai e fakahokohokō pe kohai e 'uluaki, ua mo fai atu. Tenau tu'u 'i tu'a laine kotoa pea nau taki tahā lī 'ene fo'i mapu toā kihe tafa'aki laine mama'o taha, pea koia pe 'e ofi taha kihe lainē pea koia 'e 'uluaki fanā pea toki hokohoko atu hono toē.

Koe toko taha pe 'oku ngofua ke fana 'i hono taimī pe. 'Oku ngofua kete fana meiha feitu'u pe 'oe laine mapū. Kuopau ke tau hoto tukē kihe lainē, tu'uma'u 'o 'ikai mavahe hake pea te toki fana'i leva 'ae fokotu'unga mapu 'i loto lainē. Pea kapau 'e tau pea 'alu ki tu'a ha fo'i mapu e taha pe ua pea tete toe hoko atu pe. Tete kei mo'ui pe kapau tete lava 'o fana'i ha fo'i mapu ki tu'a 'ihe taimi kotoa pe 'oku te fana ai. Ko 'ete fana pe 'o hala tete 'osi kita pea hoko mai e tama e taha. 'Oku ngofua pe kiha taha kene fana kihe mapū pe ko ha fo'i toa pe 'oku 'i loto. Kapau 'e fana'i ho'o fo'i toā 'o 'alu ki tu'a pea teke mate leva koe, ka teke kei ma'u pe 'e koe ha mapu na'ake 'osi fana ki tu'ā.

'Oku ngofua pe kete lī ofi 'ete fo'i toā kihe fokotu'unga mapū 'o tali ai ke 'osi e takaī pea te toki fana ofi ange ai. 'E feinga foki e kau va'ingā ia ke nau fana'i ho'o fo'i toā ki tu'a pea kapau tenau lava pea teke mate leva koe. Koe 'ene 'osi kātoa pe 'ae mapū hono fana ki tu'ā, koe 'osi ia 'ae takaī pea kamata leva ha takai fo'ou.

Kumi ha taha kemo va'inga.

Tokoni kihe Sipelā pea moe Pu'aki Leā

Koe lea fakaTongā koe taha ia 'oe ngāhi lea 'o Polinisiā pea neongo 'oku lahi hono ngāhi va'ava'ā, koe ngāhi tefito'i leā, kalamā pea moe anga 'oe pu'akī 'oku meimei tatau kotoa pe. Pea mahino ai 'oku nau tefito taha pe. Tupu meihe fe'alu'aki fakaloto Pasifiki pe 'ae kakaī pea moe nofo vamama'ō, kimu'a pea omi e kau papālangī, ne mofele ai e lea 'o Polinisiā 'ihe Pasifikī pea faikehekehe kanau meimei tatau pe.

Koe ngāhi lea 'o Polinisiā moe ngāhi tala fakafonuā na'e talanoa'i pe. Toki omi e kau papālangī tautefito kihe kau ngāue fakamisinalē 'o tohi e ngāhi lea 'o Polinisiā, kau ai 'a Tonga, kenau ngāue'aki kihe liliu e Tohitapū, 'enau ngāhi malangā pea moe fetu'utaki lelei ange foki moe kakai 'oe fonuā. Koe founga tohi faka-Pilitāniā na'a nau ngāue'akī neongo 'ae faikehekehe lahi 'ae ongo lea ni.

Koe fo'i lea kotoape 'e lava pe ke kamata'aki ha fo'i vauele pe koha fo'i konisonaniti. Pea koe konisonaniti kotoape 'e hoko mai 'aki ha fo'i vauele. 'Oku 'ikai ngofua ke tu'u ua ha konisonaniti. Tuku kehe pe 'ae "**ng**" ke ma'u ai 'ae ongo koe 'nga' hange koia 'ihe singā. 'E lava pe ke tu'u ua 'ae vauelē ke fakaha'aki 'ae loloa hono pu'akī, pea koe fo'i lea kotoape kuopau ke faka'osi vauele. Fakatokanga'i ange 'ae fo'i lea 'oku katoa ai e vauelē koe : 'OIAUE!

Koe vauelē he lea faka-Tongā 'oku ngāue 'aki he founga maheni e tolu. Hangē koe **a**. Kapau 'e 'iai ha fakau'a **'a** 'i mu'a pea 'e kehe hono pu'aki 'ona. Kapau 'e 'iai ha toloi 'i 'olunga **ā** pea 'e toe kehe hono pu'aki 'ona. 'Aia koe fakaloloa e pu'aki 'oe fo'i leā. Pe koe tohi'i tu'o ua - aa. Na'aku ngāue'aki 'ae (ā) 'ihe tohi ni. 'Oku mahu'inga e ngāhi faka'ilonga koeni he'e makatu'unga ai e 'uhinga 'oe fo'i leā pe koe setesī pe koe 'uhinga ho'o fakamatalā.

Tokotaha Fa'u Tohī

Na'e fanau'i 'a Sione Tapani Mangisi 'i Niua lolotonga 'ae ngāue fakatoketā ai 'ene tangata'eiki ko Sione Mangisi. Nau hiki mei ai ki Mu'a, Kolovai pea toki Ha'avakatolo. Kamata ai e ako teu 'a Tapanī 'i Kolovai pea toki hoko atu ki he Ako Ma'olunga 'o Tongā mei he 1960 ki he 1965.

'I hono ta'u 17 na'e 'alu ai 'a Tapani ki Nu'usila moe fa'ahinga kehe pe, koe kau ako ngāue ma'ae fonuā ihe 1966. 'Osi 'ae akō pea ne foki ki Tonga he 'osi e 1971. Ngāue he vaka koe Tauloto 1, koe 'Enisinia Pule he naunau 'aisī. Folau mei Tonga, 'Aositelēlia, Nu'usila, Fisi, Ha'amoa, mo Tonga. Toki ma'u hono BA kimui ange mei Deakin University 'i 'Aositelēlia.

'Ihe 1973 na'e foki ai 'a Tapani ki Nu'usila pea mali ai mo Irene Webley he 1976. Na hiki ki Melipoane he 1977 pea 'oku na kei 'iai pe 'o a'u kihe 'ene maōlō meihe 'ene ngāue 'ihe 2013. Na'e ngāue 'a Tapani koe taki ngāue 'ihe ngāhi langa lalahi taha 'i 'Aositelēlia hangē koe Falealea fakafonuā 'i Kenipela, ngāue lalahi 'i Melipoane, Kuinisilani, Vietinami moe ngāhi feitu'u kehe foki.

Koe 'ene ongo matu'ā ko Mele Inu ki Ha'angana Mataele mei Neiafu Vava'u pea mo Dr Sione Mangisi MD mei Ha'avakatolo.

Tokotaha Tā Fakatātaā

Koe taha hoku fanga ki'i mokopunā 'oku ui ko 'Ilisapesi Pālesi Cocker pea na'aku fa'a 'alu 'o 'omi meihe akō he efiafī. Ma omi ki hoku 'apī 'o inu tī mo kai pisikete pea ma toki 'alu 'o 'ave ki honau 'apī. Neu 'osi kamata hono tohi e ki'i talanoā, koia ai na'aku pehe keu fakapā kia 'Eli Pālesi pe tene fie tā ha ki'i fakatātā fekau'aki moe ki'i talanoā. 'Oku manako 'aupito he tā fakatātaā.

Koia ai neu fakamatala leva 'ae anga 'oe fo'i talanoā. Koe fo'i talanoa kiha va'inga mapu 'iha lalo mango lahi 'aupito pea malumalu meihe la'ā. 'Oku fua lahi e fu'u mangō pea kai 'ehe fanga pekā. 'Iai moe kau leka 'oku nau mapu he fu'u siakale lahi he lalo mangō.

Talamai a 'Eli Pālesi tene tā pe he taimi ni. Kou 'ohovale, kae sai ai leva.

Koe taimi 'alu ki honau 'apī koe 4.30 efiafi kae kimu'a iā, fakamatala e fefinē kihe fo'i fakatātaā. Kou 'eke ange, 'Koe ha e ngāhi laine koē 'i 'olunga he fu'u mangō he tafa'aki to'o mata'ū ?' Pehē mai e fefinē, "Ue, koe huelo ia e la'ā." Mani! kou meimei tō au ki lalo. Mahalo 'oku tonu kete ki'i 'uluaki fakakaukau ma'upe pea te toki fehu'i.

Koe me'a na'aku kole kiai he si'i hifo he houa e taha pe kuo 'osī, koia ia 'oku hā 'ihe fakatātā 'oku 'asi koenī. Na'ake fakatokanga'i e ki'i pekā? Na'e tā eni 'e 'Eli Pālesi ko hono ta'u 7 ia.

Fetu'utaki mai kia Tapani 'ihe:
stmangisi@gmail.com

www.ingramcontent.com/pod-product-compliance
Lightning Source LLC
Chambersburg PA
CBHW070714020526
44107CB00078B/2576